Jan Kuhl & seine Schulkinder

MEINE MAMA IST DIE BESTE!

arsEdition

Ohne meine Mama wäre diese Welt total langweilig

Mamas haben immer gute Laune

und besonders schön sind sie auch

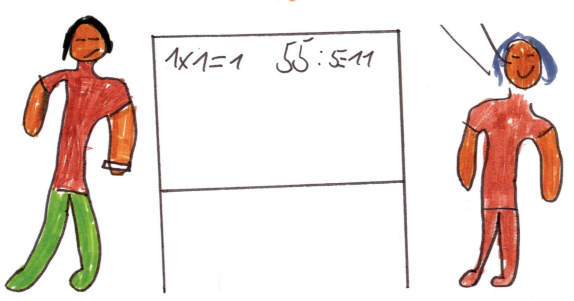

die Mama redet oft wie ein Buch

Männer haben zwar mehr geld

aber Frauen mehr anung

mamas haben im stress oft die besseren närven

Wenn ein Mann und eine Frau sich streiten vertagen sie sich hinterher wieder weil der Klügere nachgipt und das ist die Frau

Wenn ich groß bin heirate ich auch die Mama

Ohne meine Mama wär
ich nicht auf der Welt   sagt papa

mama sagt ich bin beim Kuscheln entstanden

Mama hat einen Busn
und Papa hat ein Schnibselchen

Wenn eine Frau Lust auf ein Baby kriegt sucht sich einen Mann der zu ihr passt.

1,2,3,4,5,6,7 Tage

Wenn ein Mann und Frau sich mögen gehen die manchmal ein Wah lang ins bett bis irgendwann ein Baby rauskommt

wenn eine Mami schlau ist sucht sie sich ein Mann
der reich is

wenn der Mann sich in die Frau vergugt fert er mit dem porsche vor und heiratet sie meine Mama kent mich schon seit ich ganz klein bin

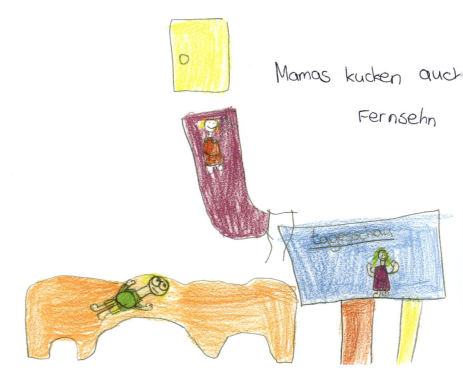

Wenn meine Mama einkaufen geht kommt sie immer mit vielen Tüten zurück.

Wir kommen oft zu spät in die Schule weil sich die Mama noch schminken muss

Wenn sich die Mama rausbutzt ist der Papa manch mal eifersüchtig

im Schrank hatt die Mama mehr Schue drin als wie ich Legos hab

ich darf die ganzen Schue von der mama asuprobiren

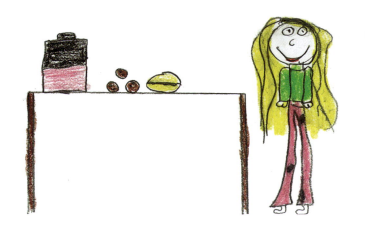

mein Mama schmiet mir mein Schulbrod und gibt mir leckere Plätzchen mit

die Mama lehgt mir Kleider für die Schule raus und dem Papa auch.

die Mama gibt meinen Wunschzettel immer ganz persönlich beim Chriskind ab

Mamis sehen Dinge die anderen nicht sehen

wenn ich was ausgefresen hab merkt di Mama das ich im busch binn

Wenn mich zum beispil mal eine Biene gestochen hat oder mir ist schon mal einer mit dem Fahrad über den Zeh gefahren dann pastet die Mama

meine Mama kann gut kochen, schön singen und sie riecht nach Gänseblümchen

die mama sagt dem papa meistens was langgeht

wenn der papa nicht aufräumt bis die Mama nach Hause kommt ist der Ärger schon vorprogrammiert

Wenns zuhause brennt fart der Papa zum Fußball

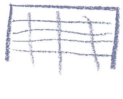

am papa närvt die Mama sien Fußball

der papa sagt immer die
Mama hat bei uns Hosen an

meine Mama beschützt mich

Wenn Mama eine Spinne sieht, flippt sie völlig aus.

Telefongeschpräche dauern bei Mama immer etwas länger als bei Papa.

meine Mama rasirt sich di Beine damit sie der Papa nicht kleines werwölfchen ruft

meine Mutter hat größere Füße als der Papa

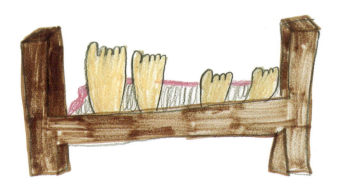

Papa nennt die Mama oft meine kleiner süßer fega

Meine Mama ist mein Vorbild

Zum Muzertag schenke ich der mama immer was gebasteltes und der Papa schenkt ihr Blumen weil er stolz auf sie ist die oma ist der Mama ihre mama und der Opa auch

wenn ich nachts Angst hab kuschel ich mich zu mener mama ins bett

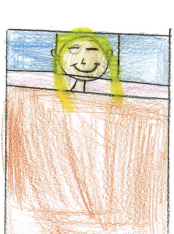

Ohne meine Mami wäre die Welt nur halb so schön

© 2015 arsEdition GmbH,
Friedrichstr. 9, D-80801 München
Alle Rechte vorbehalten
Text und Illustration: Jan Kuhl & seine
Schulkinder, Dernbachschule, Herborn
Printed by Tien Wah Press
ISBN 978-3-7607-8663-6
6. Auflage

www.arsedition.de